वयस्कों के लि
पुस्तक

नमस्कार!

नमस्कार!

नमस्कार!

नमस्कार!

नमस्कार!

नमस्कार!

नमस्कार!

नमस्कार!

नमस्कार!

नमस्कार!

नमस्कार!

नमस्कार!

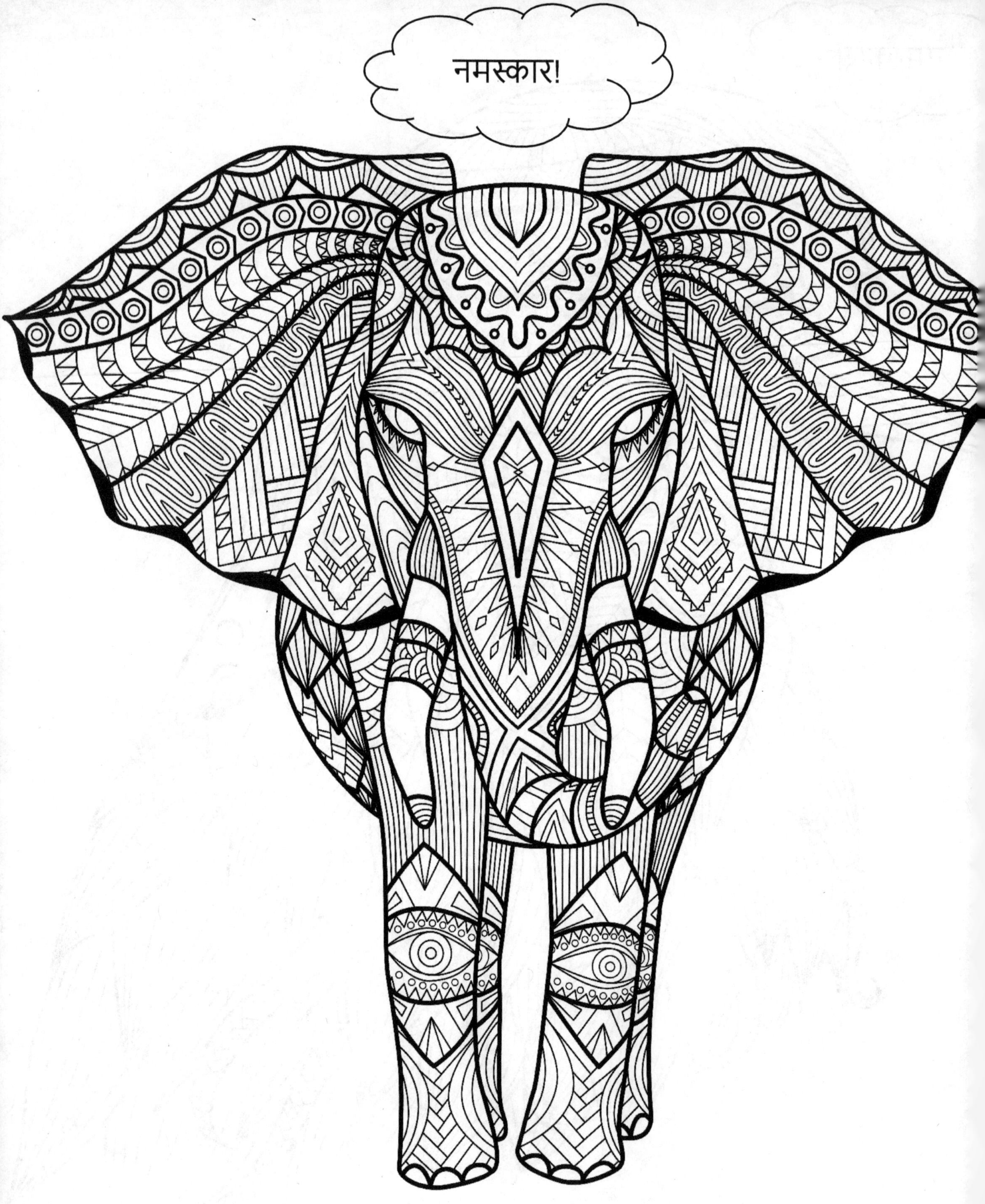
नमस्कार!

नमस्कार!

नमस्कार!

नमस्कार!

नमस्कार!

नमस्कार!

नमस्कार!

नमस्कार!

नमस्कार!

CPSIA information can be obtained
at www.ICGtesting.com
Printed in the USA
LVHW060501061021
699652LV00007B/284

9 788775 770069